손오공의 한자 대탐험

마법천자문

27 환하게 비추어라! 비출 조

照

아울북

감수의 글

한자를 늘 접하는 저 같은 사람에게 요즘처럼 한자 교육에 대한 관심이 커지는 것은 반가운 일입니다. 그러나 지루한 암기 위주의 교육 방법이 도리어 한자에 대한 부정적인 인식만 키우는 것은 아닌지 걱정이 앞서기도 합니다.

이러한 현실에서 《마법천자문》의 출간은 매우 환영할 만한 일입니다. 우선 한자를 어린이들이 좋아하는 마법과 결합시킨 기획 아이디어가 돋보입니다.

그리고 그림(이미지)으로부터 비롯된 한자의 특성을 잘 살려서, 한자의 소리와 뜻과 모양을 한꺼번에 익히는 이미지 학습의 원리를 구현한 것도 뛰어납니다.

무엇보다도 어린이들에게 친근한 손오공의 좌충우돌 신나는 모험 이야기 속에서 한자를 재미있고 자연스럽게 익힐 수 있게 한 것이 이 책의 가장 큰 특징입니다. 한자 학습에 대한 긍정적인 경험은 어린이들이 앞으로 누가 시키지 않아도 한자를 스스로 공부할 수 있는 바탕을 마련해 줄 수 있기 때문입니다.

많은 어린이들이 이 책 《마법천자문》을 통해 이러한 좋은 경험을 함께 만들었으면 좋겠습니다.

서울대학교 사범대학 중등교육연수원
중국어과 주임교수 김창환

27권 의 **한자마법** 은 이 친구들과 함께 만들었어요.

★ 남양주시 별내면에 사는 **채수은** 어린이 _ 일 **사** 事
★ 대전시 유성구에 사는 **민경재** 어린이 _ 장인 **공** 工
★ 양주시 광사동에 사는 **권서연** 어린이 _ 빛 **색** 色
★ 경상북도 영양군에 사는 **이영운** 어린이 _ 녹일 **용** 鎔

이 책의 특징

저절로 기억되는 한자 이미지 학습서
— 한자의 뜻과 소리와 모양이 만화의 한 장면에서 이미지와 함께 저절로 기억되도록 구성하였습니다.

암기 스트레스 없이 저절로 이루어지는 학습
— 암기식 한자 학습을 극복하여 읽기만 해도 저절로 공부가 됩니다.

한자 공부에 자신감을 주는 적절한 학습량
— 한자능력검정시험에 나오는 한자 중 사용빈도가 높은 한자를 뽑아 권당 20자씩 책으로 엮어 한자에 대한 자신감을 주고 원리를 이해하도록 구성하였습니다.

▶ 한자의 소리와 뜻과 모양을 마법이 펼쳐지는 장면에서 한 번에 익히기

알찬 한자 공부를 위한 체계적인 학습 페이지
— 새롭게 등장한 한자를 체계적으로 학습할 수 있도록 학습 페이지를 별도로 추가하였습니다.

- 한자의 모양, 소리, 뜻
- 한자능력검정시험 급수
- 한자의 유래
- 단어장
- 쓰기 연습

- 한자 퀴즈-초급
- 한자 퀴즈-중급

이 책에 나오는 한자

▶ 이 책에는 아래의 20자가 반복적으로 등장합니다.

工 — 장인 공 — 한자능력검정시험 급수 7급 — 26p, 148p

事 — 일 사 — 한자능력검정시험 급수 7급 — 26p, 148p

色 — 빛 색 — 한자능력검정시험 급수 7급 — 28p, 148p

槌 — 망치 퇴, 추 — 한자능력검정시험 급수 1급 — 35p, 148p

鎔 — 쇠 녹일, 거푸집 용 — 한자능력검정시험 급수 2급 — 36p, 149p

擲 — 던질 척 — 한자능력검정시험 급수 1급 — 61p, 149p

踏 — 밟을 답 — 한자능력검정시험 급수 3급 — 63p, 149p

拿 — 붙잡을 나 — 한자능력검정시험 급수 1급 — 75p, 149p

屈 — 굽힐 굴 — 한자능력검정시험 급수 4급 — 86p, 150p

演 — 펼, 흐를 연 — 한자능력검정시험 급수 4급 — 92p, 150p

奏 — 아뢸 주 — 한자능력검정시험 급수 3급 — 92p, 150p

裂 — 찢을 렬 — 한자능력검정시험 급수 3급 — 94p, 150p

紛 — 어지러울 분 — 한자능력검정시험 급수 3급 — 101p, 151p

徐 — 천천히 할 서 — 한자능력검정시험 급수 3급 — 104p, 151p

挾 — 낄 협 — 한자능력검정시험 급수 1급 — 104p, 151p

貫 — 꿸 관 — 한자능력검정시험 급수 3급 — 122p, 151p

析 — 쪼갤, 가를 석 — 한자능력검정시험 급수 3급 — 126p, 152p

照 — 비출 조 — 한자능력검정시험 급수 3급 — 128p, 152p

招 — 부를 초 — 한자능력검정시험 급수 4급 — 131p, 152p

逐 — 쫓을 축 — 한자능력검정시험 급수 3급 — 144p, 152p

차 례

1. 정신 차려, 손오공! — 8
2. 광명계의 남은 희망 — 18
3. 미스터맵의 놀라운 능력 — 34
4. 질투마녀, 네가 어떻게 여기에? — 54
5. 신비한 지도 — 68
6. 드디어 은둔의 성! — 78
7. 신념의 대결 — 88
8. 다시 시작된 위기 — 110
9. 움직이는 석상 — 126
10. 호위장군! 제발 그만해! — 138

마법의 한자를 잡아라! — 148
다시 알아보는 마법의 한자 — 153
달라진 부분을 찾아라! — 154
내가 만드는 마법천자문 — 156
마법의 한자를 낚아라! — 157
마법의 한자 퀴즈를 풀자! — 158

등장 인물

손오공

마정석 폭탄으로부터 천운마을을 지켜 낸 손오공. 그러나 마을을 지키기 위해 많은 힘을 소모한 탓에 쓰러지고 만다. 큐티와 나르디가 온갖 방법을 써 보지만 별 소용이 없는데…! 이대로 오공은 일어나지 못하는 것일까?

삼장

교만지왕에 의해 악마화가 되어 가는 삼장. 하지만 삼장은 무의식 속에서도 악마화를 거부하고, 악마화 마법 자체를 무력화시키는데……. 삼장의 힘은 도대체 어디에서 나오는 것일까?

검은마왕

교만지왕의 계략으로 부상을 입고 만 검은마왕. 분노에 차서 은둔의 성으로 향하지만 혼세 일행이 끈질기게 따라 붙는다. 그들을 떼어 내기 위해 누군가를 부르는데….

혼세

광명계에서 만난 검은마왕, 그리고 검은마왕에 반응하던 천왕보검이 머릿속에 맴도는 혼세. 하지만 지금은 오공과 삼장을 찾는 게 우선이라 생각해 추격을 멈추지 않는다.

옥동자

오공의 옆을 항상 지켰던 옥동자이기에 누구보다 오공이 겪었던 시련을 잘 알고 있다. 그래서 혹시 예전처럼 오공이 영영 깨어나지 못할까 봐 걱정한다.

이랑, 용세

검은마왕을 쫓아 손오공과 합류하려고 하는데,
검은마왕의 수하들이 나타나 방해를 한다.
검은마왕의 수하 중에는 상상도 못한 뜻밖의
인물이 존재하는데….

아티스

오공의 팔에 채워진 태극철권에서 흑룡이 나타난 것을 본
유일한 목격자이다. 그 이후 오공의 능력을 인정하고,
광명계를 구할 영웅일지도 모른다고 생각한다.

미스터맵

저항군의 숨은 조력자로 오공에게
은둔의 성으로 가는 지도를 주기로 한다.
그리고 그의 특별한 능력이 공개되는데….

교만지왕

검은마왕을 쓰러뜨리는 것도,
태극철권을 손에 넣는 것도 모두 실패하자
삼장의 악마화 작업에 모든 노력을 기울인다.

소년자객, 질투마녀

소년자객은 검은마왕의 충성스러운 부하로
맡은 바 임무를 다하고자 한다. 그런데 질투마녀는
어떻게 광명계에 오게 된 것일까?

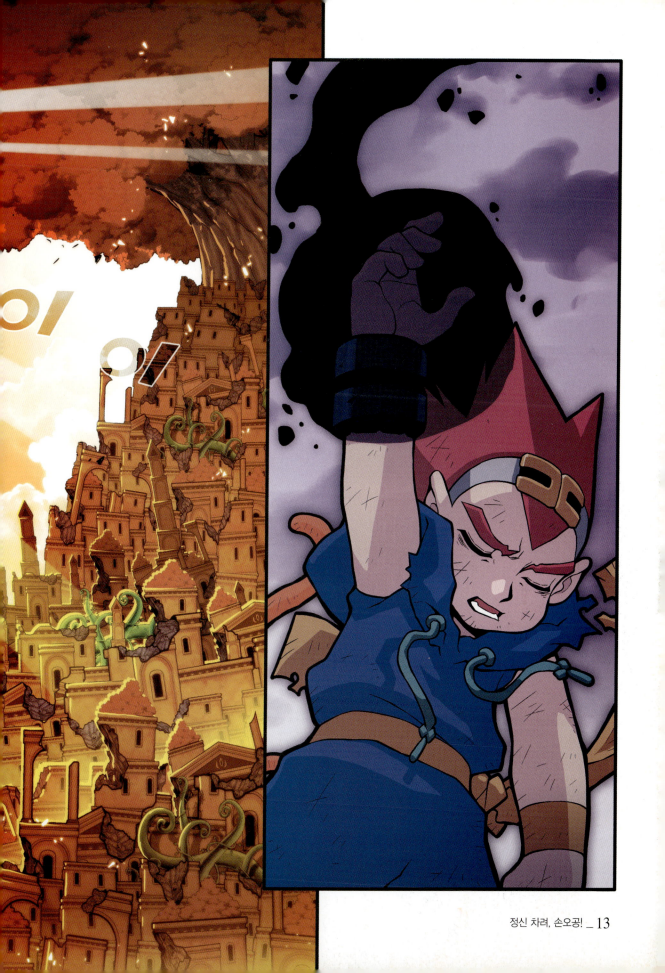

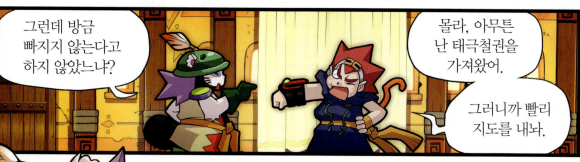

제 5 장
신비한 지도

삐—
오른쪽 방향입니다!

뭐가 튀어나올지 모르니 조심해야 해요!

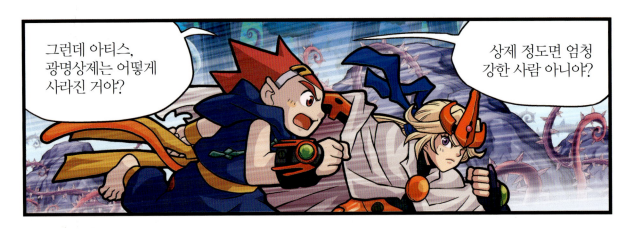

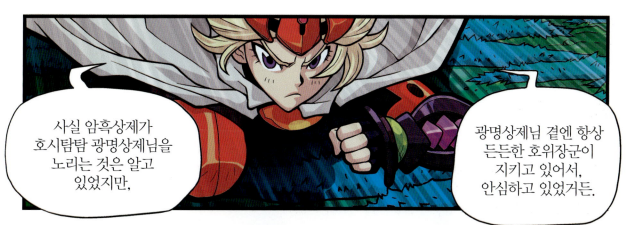

뭐라고?
여, 여기가?

교만지왕!
오늘은 기필코
네 녀석을 물리치고,

소중한 이들을
구해 내겠다!

삼장, 내가 왔어!
조금만 기다려!

제 6 장
드디어 은둔의 성!

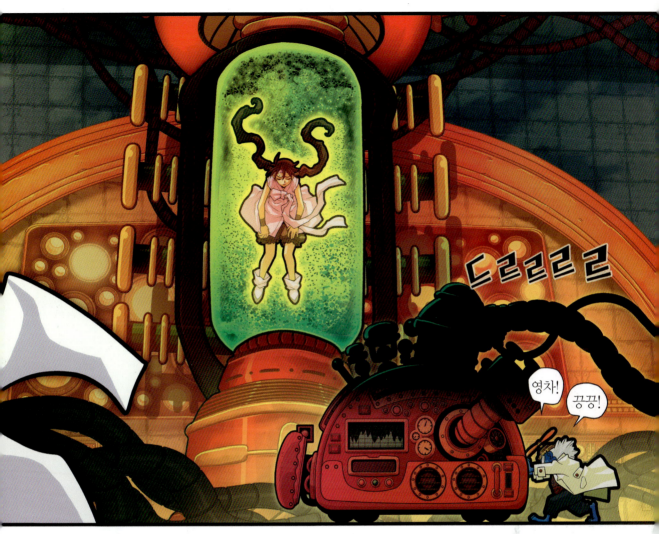

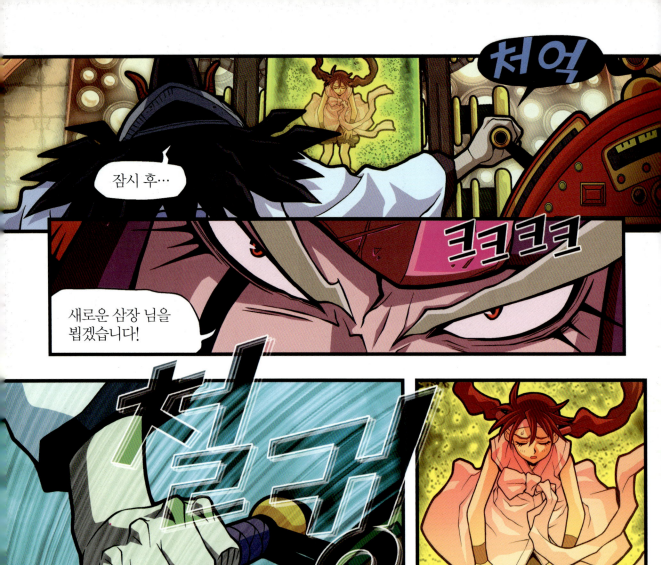

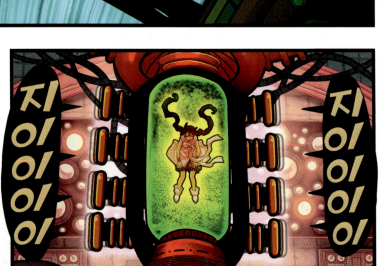

*도발(挑發) - 다른 사람을 자꾸 건드려 성가시게 해 일이 일어나게 함.

제 8 장
삼장의 저항

교만지왕의 방

뭐, 뭐냐?
저 빛은?

그… 그게…

사, 삼장 님이
*저항을 하고
있습니다왕!

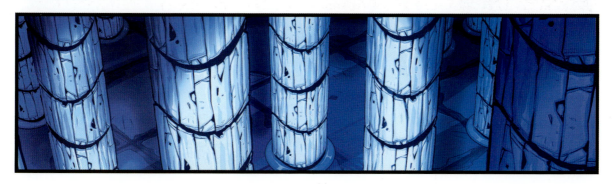

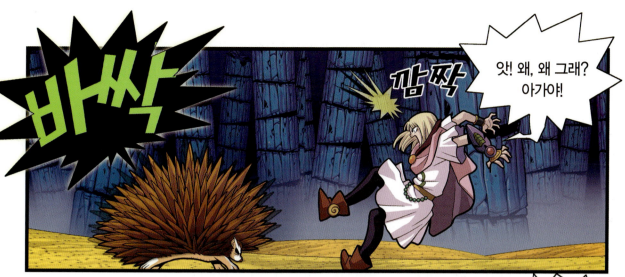

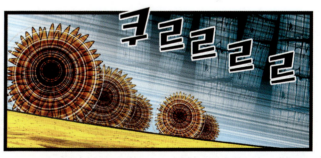

제 9 장
움직이는 석상

검은마왕을 쫓는 혼세

조각조각!
쪼갤 석 析!

析 쪼갤석 一 十 才 木 杧 析 析 析

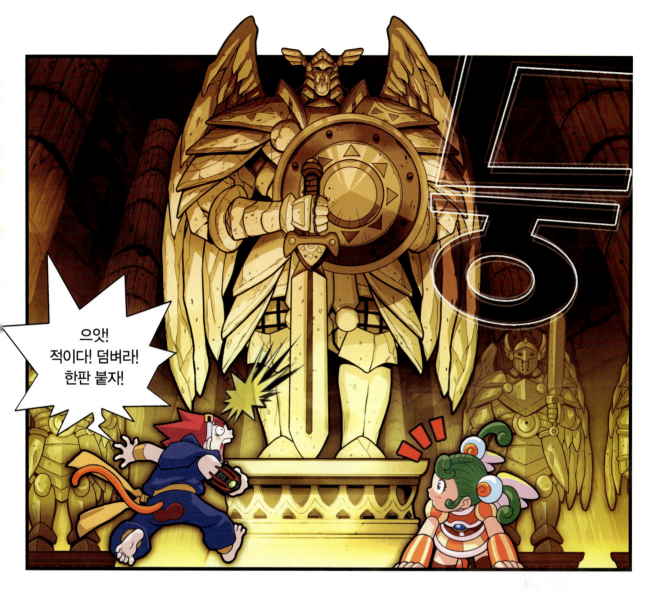

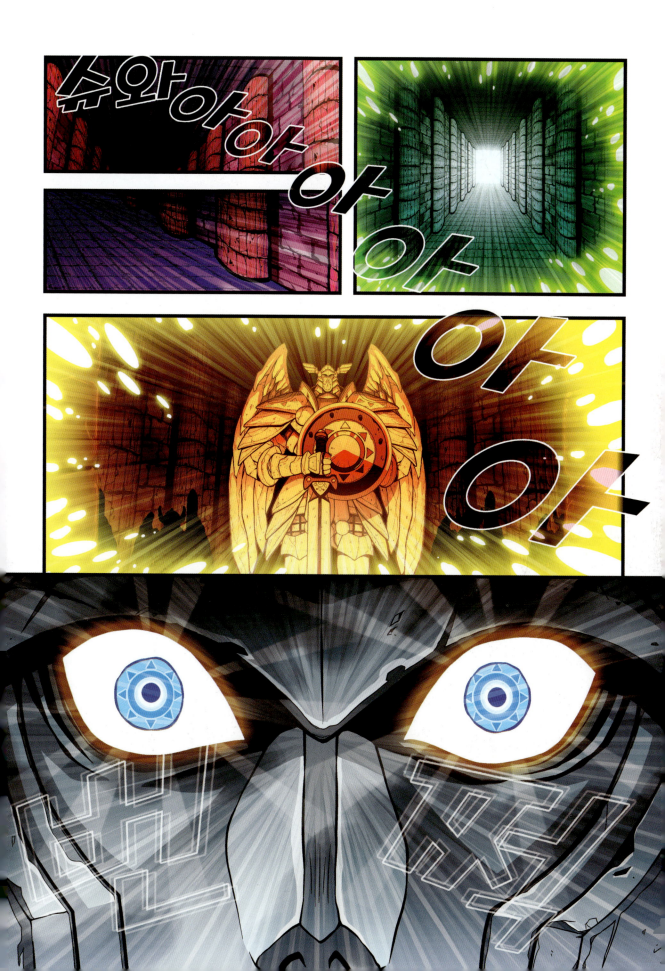

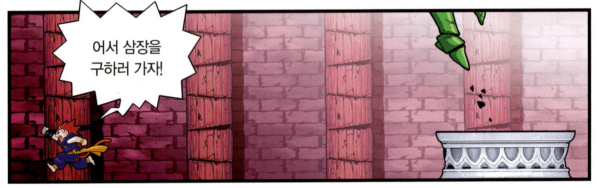

제 10 장
호위장군! 제발 그만해!

음… 그러니까 광명상제의 태극철권을 내가 가지고 있으니까,

광명상제를 해친 자가 바로…

나란 거야?

이봐, 석상. 뭔가 오해를 한 모양인데,

일단 이거 놓고 내 얘기를….

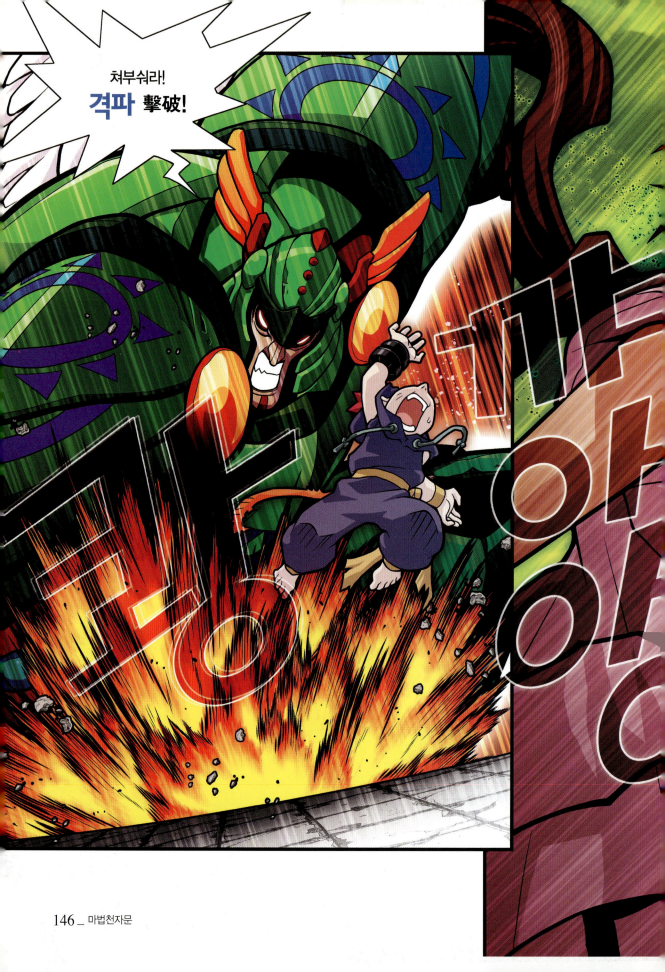

마법의 한자를 잡아라!

장인 **공**

+ 한자능력검정시험 **7급** + 工부의 0획 총 **3획**

기술자가 사용하는 공구(工具)를 본뜬 모양에서, '연장', '기술자', '공작하다'의 뜻을 나타낸다.

공사(工事) 건축·제작 등에 관한 일.
공장(工場) 원료나 재료를 가공하여 물건을 만들어 내는 설비를 갖춘 곳.

일 **사**

+ 한자능력검정시험 **7급** + J부의 7획 총 **8획**

제사에 종사하는 사람이 신에 대한 기원을 쓴 뒤, 나뭇가지에 맨 팻말을 손으로 든 모양을 본떠, '일', '섬기다'의 뜻을 나타낸다.

사건(事件) 문제가 될 만한 일, 또는 일거리.
사리(事理) 일의 이치.

빛 **색**

+ 한자능력검정시험 **7급** + 色부의 0획 총 **6획**

무릎을 꿇은 사람의 모양을 본뜬 卩(절)과 사람을 나타내는 人(인)이 결합되어, '남녀 간의 사랑'의 뜻을 나타내며, '사랑으로 홍조를 띤 얼굴', 더 나아가 '아름다운 낯빛', '색깔', '채색'의 뜻을 나타낸다.

색색(色色) 여러 가지 색깔.
색소(色素) 물체의 색이 나타나도록 해 주는 성분.

망치 **퇴, 추**

+ 한자능력검정시험 **1급** + 木부의 10획 총 **14획**

椎(추)와 통하여 '쇠몽둥이'를 뜻하는 追(추)와, 木(목)이 결합되어 '나무망치', '망치'의 뜻을 나타낸다.

철퇴(鐵槌) 옛날 병사들이 쓰던 무기 중의 하나로, 끝이 둥그렇고 울퉁불퉁한 쇠몽둥이.
퇴격(槌擊) 방망이나 쇠뭉치로 침.

鎔 쇠 녹일, 거푸집 용

+ 한자능력검정시험 **2급** + 金부의 10획 총 **18획**

'물건을 받아들이다'는 뜻의 容(용)과 쇠를 뜻하는 金(금)이 합하여, '금속을 녹여 부어 넣는 거푸집', '쇠를 녹이다'의 뜻을 나타낸다.

용광로(鎔鑛爐) 높은 온도로 광석을 녹여 쇠붙이를 만들어 내는 가마.
용해(鎔解) 금속이 녹거나 녹이는 일.

擲 던질 척

+ 한자능력검정시험 **1급** + 手(扌)부의 15획 총 **18획**

摘(척)과 통하여 '던지다'를 뜻하는 鄭(정)에 手(수)가 더해져, '내던지다'의 뜻을 나타낸다.

척사(擲柶) 윷, 윷놀이.
투척(投擲) 무거운 물건 등을 던짐.

踏 밟을 답

+ 한자능력검정시험 **3급** + 足부의 8획 총 **15획**

'겹치다'의 뜻의 沓(답)과 足(족)이 합하여 '밟다', '제자리 걸음을 하다'의 뜻을 나타낸다.

답습(踏襲) 예로부터 하던 행위를 그대로 행함.
답보(踏步) 제자리걸음.

拿 붙잡을 나

+ 한자능력검정시험 **1급** + 手부의 6획 총 **10획**

'손'을 뜻하는 手(수)와 '합하다'의 뜻인 合(합)이 결합하여 '손을 물건에 가까이 갖다 대어 모아서 잡다'의 뜻을 나타낸다.

나포(拿捕) 죄인을 붙잡음.

마법의 한자를 잡아라!

屈 굽힐 굴

+ 한자능력검정시험 4급 + 尸부의 5획 총 8획

'우묵한 형상'을 뜻하는 出(출)과 '꼬리'를 뜻하는 尾(미)가 합하여 '짐승이 움푹 팬 곳에 꼬리를 구부려 넣는 모양'에서 '굽힘'의 뜻을 나타낸다.

굴복(屈服) 힘이 모자라 복종함.
굴곡(屈曲) 이리저리 굽어 꺾여 있음.

屈 屈 屈 屈

演 펼, 흐를 연

+ 한자능력검정시험 4급 + 水(氵)부의 11획 총 14획

'당기다'를 뜻하는 寅(인)과 水(수)가 합하여 '물을 잡아 늘이다'의 뜻에서, 일반적으로 '사물을 잡아 늘이다'의 뜻을 나타낸다.

연극(演劇) 배우가 각본에 따라 어떤 사건의 인물로 분장하여 그에 맞는 언행을 보여 주는 예술.
연습(演習) 실제로 하는 것처럼 하면서 익힘.

演 演 演 演

奏 아뢸 주

+ 한자능력검정시험 3급 + 大부의 6획 총 9획

갈라놓은 짐승을 양손으로 받쳐 권하는 모양을 형상화한 글자로, '권하다', '바치다'의 뜻을 나타낸다.

주효(奏效) 효력이 나타남.
연주(演奏) 여러 사람 앞에서 악기를 다루어 음악을 들려줌.

裂 찢을 렬

+ 한자능력검정시험 3급 + 衣부의 6획 총 12획

칼(刂)로 발라낸 뼈(歹)를 나타내는 列(렬)과 '옷'을 뜻하는 衣(의)가 합하여 '의복을 잘라 찢다'의 뜻을 나타낸다.

열상(裂傷) 피부가 찢어져서 생긴 상처.

奏 奏 奏 奏

裂 裂 裂 裂

紛 어지러울 분

+ 한자능력검정시험 3급 + 糸부의 4획 총 10획

실을 나타내는 糸(사)와 '갈라지다'는 뜻의 分(분)으로 이루어져, '실이 흩어져 엉클어진다'는 뜻에서 '어지럽다'는 뜻이 나왔다.

분란(紛亂) 어수선하고 떠들썩함.
분실(紛失) 자기도 모르는 사이에 물건을 잃어버림.

徐 천천히 할 서

+ 한자능력검정시험 3급 + 彳부의 7획 총 10획

'안온하다'의 뜻인 余(여)와 '길을 가다'는 뜻의 彳(척)이 결합되어, '안온한 마음으로 가다', '천천히 가다'의 뜻을 나타낸다.

서라벌(徐羅伐) 신라의 옛 이름.
서행(徐行) 천천히 감.

挾 낄 협

+ 한자능력검정시험 1급 + 手(扌)부의 7획 총 10획

'끼다'는 뜻의 夾(협)과 手(수)가 결합하여 '손으로 끼다'의 뜻을 나타낸다.

협공(挾攻) 앞뒤 또는 좌우로 양쪽에서 공격함.

貫 꿸 관

+ 한자능력검정시험 3급 + 貝부의 4획 총 11획

물건을 꿰고 있는 모습을 형상화한 뜻의 毌(관)과 '돈'을 뜻하는 貝(패)가 합하여 '꿰미에 꿴 돈', '꿰다'의 뜻을 나타낸다. *'꿰미'는 물건을 꿰는 데 쓰는 꼬챙이나 끈을 말한다.

관철(貫徹) 처음부터 끝까지 일관함.
관통(貫通) 꿰뚫음.

마법의 한자를 잡아라! _ 151

마법의 한자를 잡아라!

析 쪼갤, 가를 석

+ 한자능력검정시험 3급 + 木부의 4획 총 8획

'도끼'를 뜻하는 斤(근)과 '나무'를 뜻하는 木(목)이 합하여 '도끼로 나무를 쪼개다', '패다'의 뜻을 나타낸다.

분석(分析) 얽혀 있거나 복잡한 것을 풀어서 개별적인 요소나 성질로 나눔.
석출(析出) 분석하여 냄.

照 비출 조

+ 한자능력검정시험 3급 + 火(灬)부의 9획 총 13획

'밝음'을 뜻하는 昭(소)와 '불'을 뜻하는 灬(연화발)이 합하여 '불로 밝게 하다', '비추다'의 뜻을 나타낸다.

조명(照明) 밝게 비춤, 무대에 빛을 비추는 일.
조준(照準) 총이나 포 따위를 쏠 때 목표물을 향해 방향과 거리를 잡음.

招 부를, 초

+ 한자능력검정시험 4급 + 手(扌)부의 5획 총 8획

'입으로 부르다'의 뜻인 召(소)에 손을 뜻하는 手(수)를 더하여, '손짓하여 부르다'의 뜻을 나타낸다.

초래(招來) 어떤 결과를 가져오게 하거나 불러서 오게 하는 것.
초인종(招人鐘) 사람을 부르는 신호로 울리는 종.

逐 쫓을 축

+ 한자능력검정시험 3급 + 辵(辶)부의 7획 총 11획

'쫓다'를 뜻하는 辵(착)과 돼지를 뜻하는 豕(시)가 합하여 산돼지를 쫓는 모양에서 '쫓다'의 뜻을 나타낸다.

축출(逐出) 쫓아내거나 몰아냄.

다시 알아보는 마법의 한자

한자	뜻	소리	급수	첫 등장
擧	들	거	5급	16권
振	떨칠	진	3급	26권
絃	악기 줄	현	3급	13권
切	끊을	절	5급	17권
割	벨	할	3급	21권
強	강할	강	6급	5권
打	칠	타	5급	6권
圍	에워쌀	위	4급	23권

한자	뜻	소리	급수	첫 등장
迫	핍박할	박	3급	23권
攻	칠	공	4급	24권
防	막을	방	4급	3권
把	잡을	파	3급	26권
霧	안개	무	3급	15권
安	편안할	안	7급	2권
靜	고요할	정	4급	8권
鎭	누를	진	3급	19권

달라진 부분을 찾아라!

흑룡과 교만지왕 때문에 엉망이 되어 버린 천운마을! 마을을 빨리 복구해야 하는데 사람들이 천하태평이네요. 이게 전부 교만지왕이 사람들을 게으르게 만들어 버렸기 때문이래요. 언제쯤 광명계에 평화가 찾아올까요? 그림에서 서로 다른 부분 다섯 군데를 찾아보세요! 단, 말풍선 대사 부분은 제외랍니다!

손오공 일행이 지도를 받기 위해 미스터맵의 오두막에 왔어요. 그런데 미스터맵 빼고는 모두 힘들어 하네요. 사실 미스터맵은 운동 부족으로 살이 쪄서 운동량을 늘리려고 산꼭대기에 오두막을 지었어요. 미스터맵은 살 빼기에 성공한 걸까요? 서로 다른 부분 다섯 군데를 찾아보세요! 단, 말풍선 대사 부분은 빼고요!

※ 정답은 마법천자문 홈페이지 www.magichanja.com 에서 확인하세요.

내가 만드는 마법천자문

광명계에서 뜻밖의 인물을 만난 혼세 일행. 광명계로 온 질투마녀와 혼세 일행은 어떤 대화를 나눴을까요? 빈 말풍선에 대사를 직접 넣어 나만의 마법천자문을 완성해 보세요!

마법의 한자를 낚아라!

1. 鎔 자가 쓰인 낱말 한 개를 낚아 보세요.

Hint + 화산에서 분출되는 것 중의 하나로, 식으면 돌이 돼요.

2. 紛 자가 쓰이지 않은 낱말 한 개를 낚아 보세요.

Hint + 밀가루로 만든 음식을 나타내는 단어를 찾아보세요.

3. 招 자가 쓰인 낱말 두 개를 낚아 보세요.

Hint + '부르다'라는 뜻을 지닌 단어들을 찾아보세요.

※ 정답은 마법천자문 홈페이지 www.magichanja.com 에서 확인하세요.

마법의 한자 퀴즈를 풀자!

※ 정답은 마법천자문 홈페이지 www.magichanja.com 에서 확인하세요.

초급 수련원   우선은 **쉬운 문제**부터 해결해 보자!

1. 카이가 천운마을을 복구하면서 이 마법을 사용하여 아이들이 좋아하는 주황색으로 건물에 색을 칠했어요. 이때 사용한 한자마법은 무엇일까요?

① 色 ② 日 ③ 嗇 ④ 光

2. 검은마왕은 질투마녀가 결계를 지키는 자인 줄 알고, 이 마법으로 질투마녀를 멀리 던져 버렸어요. 어떠한 사물을 던질 때 사용하는 이 한자마법은 무엇일까요?

① 長 ② 示 ③ 禦 ④ 擲

Hint ✛ 무엇을 던지려면 손을 이용하겠죠? '손'이 들어간 한자를 찾아보세요.

3. 소년자객은 자신을 어리다고 무시하는 용세와 이랑에게 이 한자마법으로 공격했어요. 그러자 혼세가 '들 거' 마법으로 구해 주었지요. 소년자객이 썼던 한자마법은 무엇일까요?

① 鐵 ② 撤 ③ 招 ④ 踏

Hint ✛ 발을 사용하여 공격했던 마법이에요.

중급 수련원   이번엔 **좀 더 어려운 문제**로 수련해 보자!

4. 오공 일행은 험난한 장애물을 넘어 결국 은둔의 성에 도착했어요. 그런데 동자가 너무 기쁜 나머지 앞도 안 보고 달려가다가 낭떠러지에 떨어질 뻔한 것을 오공이가 한자마법으로 간신히 구했어요. 이 한자마법은 무엇일까요?

① 擧 ② 拿 ③ 掌 ④ 拳

5. 광명계에서 만난 질투마녀는 더욱 힘이 강해져서, 단어마법으로 혼세를 공격해요. 질투마녀가 가야금을 이용한 단어 한자마법은 무엇일까요?

① 運轉 ② 音樂 ③ 演奏 ④ 發令

Hint ✛ 악기를 가지고 음악을 들려주는 것을 의미하는 한자예요.

6 용세와 이랑이 소년자객에 맞서 힘을 합쳐 공격한 마법이에요. 소년자객에게 서로의 손을 꼭 끼고 강력한 주먹을 날렸던 이 한자마법은 무엇일까요?

❶ 拳　　❷ 強打　　❸ 擊破　　❹ 挾攻

Hint ✚ '양쪽에서 끼고 공격하다'라는 의미의 한자예요.

7 교만지왕이 삼장을 구하러 오는 오공을 막기 위해 호위장군의 혼을 불러낼 때 사용한 마법이에요. 죽은 사람의 혼을 부를 때 사용하는 이 한자마법은 무엇일까요?

❶ 初婚　　❷ 招魂　　❸ 初昏　　❹ 招待

고급 수련원

이번 관문을 통과하면 **한자마법 고수**로 인정하노라!

미스터맵은 오공이 태극철권을 가지고 오는 대가로 삼장이 있는 은둔의 성으로 가는 지도를 주기로 했어요. 어렵게 태극철권을 구해 온 오공! 그런데 오공의 팔에서 태극철권이 빠지질 않아요. 이 일을 어쩌죠? 오공의 팔에서 태극철권이 빠지도록 (　　) 에 들어갈 한자마법을 보기에서 골라 보세요.

 어쩌지? 일단 부서서라도 얘를 빼야겠어! 나와라 망치! (　　)

오공아, 그건 위험해! 그리고 태극철권이 부서지면 미스터맵이 지도를 안 줄 것 같은데?

 그렇다면… 내 손을 미끄럽게 해서 빼야지. 미끌미끌! (　　)

아무래도 빠지지 않나 봐. 미스터맵에게 부탁해 보자.

 진짜 안 빠진다 이거지? 내가 이걸 녹여서라도 빼내겠어! 녹여라! (　　)

보기　　鎔　　熱　　油　　電　　槌

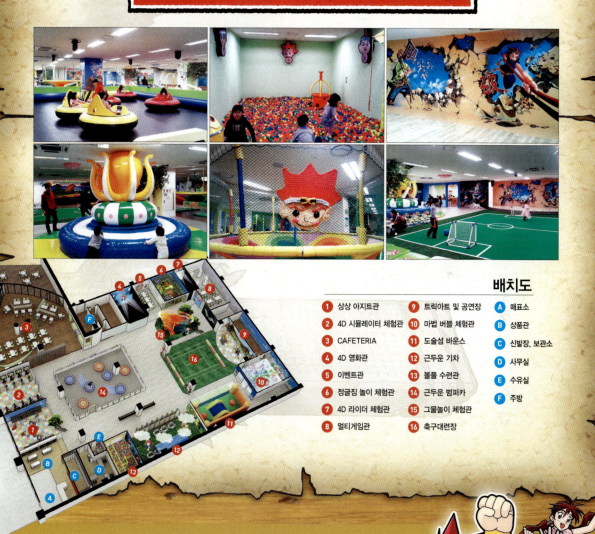

업데이트로 더욱 새로워진!
스마트폰 속의 마법천자문!!

마법천자문 한자영웅전

책 내용을 다시 볼 수 있는 스토리 모드!
다양한 캐릭터 카드를 모으고 성장시키는 던전 모드!
친구들의 캐릭터 카드와 치열한 대결을 펼치는 대전 모드!

스마트폰에서 www.jammygames.com 으로 접속하세요!!

마법천자문 27권 구매고객 특별 선물 쿠폰
스마트폰 게임 『마법천자문 한자영웅전』에서
하단의 코드를 입력해 주세요.

쿠폰코드: THOUSANDMAGIC27

http://www.jammygames.com

아직도 '달달'
외우는 한자공부로
아이를 '달달'
볶고 계신가요?

1등과 1등의 만남.
씽크U한자와 마법천자문이 '합체'하였습니다.

더 이상 '달달' 외우는 한자 공부로
아이를 '달달' 볶지 말아 주세요.

손오공과 함께 하는 재미있는 본격 한자 학습을 통해
교과어휘 향상과 한자급수시험 성공의 짜릿함을 아이에게 선물하세요.

**교과어휘와 한자시험에 강한
온오프라인 통합 학습지**

씽크U한자 '마법천자문 신단계' 출시 이벤트

지금 씽크U사이트에 들어오셔서 씽크U한자 체험판도 무료 다운로드 받고
무료샘플교재도 신청하세요. 이벤트에 참여하시면 마법천자문 애니메이션 학습도서도 드립니다.

상담문의 **1577-1500**
www.think-u.co.kr

손오공의 한자 대탐험

마법천자문

27 환하게 비추어라! 비출 조

글 올댓스토리 | **윤색** 김성재 | **그림** 홍거북
감수 | 김창환

1판 1쇄 인쇄 | 2014년 1월 7일
1판 1쇄 발행 | 2014년 1월 15일

펴낸이 | 김영곤
부사장 | 임병주
기획개발 | 은지영 이정은 장영옥
아동영업본부장 | 이희영
아동영업 | 장명우 유선화
콘텐츠제휴사업 | 송근우 임동렬
북디자인 | 손성희 곽유리

펴낸곳 | (주)북이십일 아울북
등록번호 | 제10-1965호
등록일자 | 2000년 5월 6일
주소 | 경기도 파주시 회동길 201(문발동) (413-120)
전화 | 031-955-2119(기획개발), 031-955-2100(마케팅·영업/독자문의)
브랜드 사업 문의 | 031-955-2448 egtree@book21.co.kr
팩시밀리 | 031-955-2421
홈페이지 | http://www.magichanja.com

ISBN 978-89-509-5258-7
ISBN 978-89-509-3620-4(세트)

Copyright©2014 by Book21 아울북. All rights Reserved.
First edition printed 2014. Printed in Korea.
이 책을 무단 복사·복제·전재하는 것은 저작권법에 저촉됩니다.

* 잘못 만들어진 책은 **구입하신 서점**에서 교환해 드립니다.
* 가격은 책 뒤표지에 있습니다.